O CAMINHO
DA ESPERANÇA

De Edgar Morin:

Amor Poesia Sabedoria

A Cabeça Bem-Feita

Ciência com Consciência

Meus Demônios

A Religação dos Saberes

O Mundo Moderno e a Questão Judaica

Cultura e Barbárie Europeias

Filhos do Céu
(com Michel Cassé)

Meu Caminho

Rumo ao Abismo?

Edwige, a Inseparável

STÉPHANE HESSEL EDGAR MORIN

O CAMINHO DA ESPERANÇA

Tradução
Edgard de Assis Carvalho
Mariza Perassi Bosco

Rio de Janeiro | 2012

Copyright © Librairie Arthème Fayard, 2011

Título original: *Le Chemin de l'esperance*

Capa: Simone Villas-Boas

Imagem de capa: Ross M. Horowitz/Getty Images

Editoração: FA Studio

Texto revisado segundo o novo
Acordo Ortográfico da Língua Portuguesa

2012
Impresso no Brasil
Printed in Brazil

Cip-Brasil. Catalogação na fonte
Sindicato Nacional dos Editores de Livros. RJ

H517c   Hessel, Stéphane
        O caminho da esperança / Stéphane Hessel, Edgar Morin ; tradução Edgard de Assis Carvalho, Mariza Perassi Bosco. – Rio de Janeiro : Bertrand Brasil, 2012.
        64p. : 21 cm

        Tradução de: Le chemin de l'espérance
        ISBN 978-85-286-1596-8

        1. Problemas sociais – França. 2. França – Política e governo – Séc. XXI. 3. França – Política social. I. Morin, Edgar, 1921-. II. Título.

12-3364   CDD: 361.10944
                                                                      CDU: 364.6(44)

Todos os direitos reservados pela:
EDITORA BERTRAND BRASIL LTDA.
Rua Argentina, 171 – 2º andar – São Cristóvão
20921-380 – Rio de Janeiro – RJ
Tel.: (0xx21) 2585-2070 – Fax: (0xx21) 2585-2087

Não é permitida a reprodução total ou parcial desta obra, por quaisquer meios, sem a prévia autorização por escrito da Editora.

Atendimento e venda direta ao leitor:
mdireto@record.com.br ou (0xx21) 2585-2002

SUMÁRIO

I – A FRANÇA NO MUNDO 7
   A França, o mundo, a Europa 7

II – UMA POLÍTICA PARA A FRANÇA 17
   Por que reformar e transformar? 19
   A política do bem-viver 26
   A revitalização da solidariedade 30
   Política da juventude 33
   A remoralização 34
   O trabalho e o emprego 35
   A polirreforma econômica:
      a economia plural 37
   Política do consumo 43
   Desigualdades 44
   Educação 46
   A cultura estética 53
   O Estado 54
   Reforma da política e revitalização
      da democracia 55
   A regeneração 59

I
A FRANÇA NO MUNDO

Caros concidadãos, nosso objetivo é denunciar o curso perverso de uma política cega que nos conduz a desastres.
É enunciar uma via política de salvação pública.
É anunciar uma nova esperança.

A França, o mundo, a Europa

A França não vive sem comunicação com o exterior e tampouco em um mundo imóvel.
Devemos tomar consciência de que partilhamos de um mesmo destino planetário. Toda a humanidade sofre iguais e mortais ameaças, trazidas pela proliferação das armas nucleares, pelo desencadeamento dos conflitos etnorreligiosos, pela degradação da biosfera, pelo curso ambivalente de uma economia mundial fora de controle,

pela tirania do dinheiro, pela conjunção de uma barbárie oriunda das eras mais recônditas e das insensatas atrocidades características dos cálculos técnico e econômico. A humanidade que sofreu a crueldade dos totalitarismos no século XX é a mesma que doravante vê desmoronar sobre si a hidra do capitalismo financeiro e vê, ao mesmo tempo, eclodir todo tipo de fanatismo e maniqueísmo étnico, nacionalista, religioso. A humanidade inteira confronta hoje um conjunto de crises que se permeiam e, no todo, constituem a Grande Crise de uma humanidade que não consegue atingir o estado de Humanidade.

Em 1932, com uma lucidez que pode ser considerada extremamente atual, Paul Valéry afirmava: "Jamais a humanidade reuniu tanto poder a tanta desordem, a tantas preocupações e a tantas manipulações, a tantos conhecimentos e a tantas incertezas. A inquietude e a futilidade se justapõem em nossos dias."[1]

Um pouco mais tarde, Konrad Lorenz se questionava: "É preciso se perguntar o que hoje atinge mais gravemente a alma dos homens: sua paixão cega pelo dinheiro ou sua pressa febril."

Resposta: ambas – uma interfere na outra.

---

[1] "Discours sur l'histoire" [Discurso sobre a história], em *Variété IV,* 1932.

Temos um duplo dever:

O primeiro como cidadãos que participam do destino dos habitantes de nosso planeta e trazem consigo princípios universais tão bem-expressos nas décima primeira e décima segunda estrofes do hino nacional francês, *A marselhesa*, estrofes essas tão ignoradas nos dias atuais.

XI

A França que a Europa admira
reconquistou a Liberdade
E cada cidadão respira
Sob as leis da Igualdade (bis).
Um dia, sua imagem querida
Estender-se-á por todo o universo.
Povos, vocês arrebentarão seus grilhões
E vocês terão uma Pátria!
(Refrão)

XII

Desprezando os direitos do Homem,
As soldadescas legiões
Dos primeiros habitantes de Roma
Escravizaram as nações (bis).
Um projeto maior e mais sábio

Nos engaja nos combates,
E o francês não arma seu braço
Senão para destruir a escravidão.

A mesma ambição vibra no programa adotado, em 1944, pelo Conselho Nacional da Resistência Francesa e na Declaração Universal dos Direitos Humanos, assinada quatro anos depois, em Paris, graças à colaboração de René Cassin.

Não podemos decidir sozinhos o destino de nosso planeta, mas, em nome dos princípios ilustrados por esses textos e estrofes, podemos formular a grande, longa e difícil via rumo a uma Terra-Pátria, que seria capaz de englobar e respeitaria os países, inclusive a França, o que levaria obrigatoriamente a uma superação das soberanias absolutas dos Estados-nações em face de todos os problemas planetários atuais, mas, por outro lado, respeitaria plenamente tal soberania em outros domínios.

Na pretensão de suceder as ideologias, o liberalismo econômico revela-se uma ideologia em ruína. Seu *laisser-faire* determinou conquistas parciais, mas provocou mais empobrecimentos do que enriquecimentos. Sob sua égide, mundialização, desenvolvimento, ocidentalização – três faces do mesmo fenômeno – mostraram-se incapazes de tratar os problemas vitais da humanidade.

A impotência do sistema planetário de tratar os problemas vitais que ele mesmo gera condena-o à desintegração ou à regressão, apenas evitáveis caso ele consiga criar as condições de sua própria metamorfose, o que o tornaria capaz de sobreviver e, ao mesmo tempo, se transformar.

Nosso sistema planetário está condenado à morte ou à mudança, a qual não pode acontecer senão ao fim de múltiplos processos reformadores-transformadores que se coligariam, assim como os riachos confluem para formar um rio majestoso. Nossa época de mudanças seria, então, o prelúdio de uma verdadeira mudança de época.

Devemos tomar consciência de que a mundialização constitui o melhor e, ao mesmo tempo, o pior daquilo que pôde ocorrer à humanidade.

O melhor porque, pela primeira vez, todos os fragmentos da humanidade se tornaram interdependentes, comungando de um mesmo destino que cria a possibilidade da existência de uma Terra-Pátria que, repetimos, longe de negar as pátrias singulares, as englobaria.

O pior porque, com a mundialização, deu-se início a uma corrida desenfreada rumo a catástrofes em cadeia. O desenvolvimento descontrolado dos poderes manipuladores e destruidores da ciência e da técnica, somado ao desencadeamento, em todos os sentidos, da economia voltada para o lucro, engendrou a proliferação de armas de destruição em massa e a degradação da biosfera. Enquanto isso, os totalitarismos do século XX foram sucedidos pela tirania de um capitalismo financeiro que não conhece mais limites, submetendo Estados e povos às suas especulações e propiciando o retorno de fenômenos de segregação xenófoba, racial, étnica e territorial. As devastações conjugadas de uma especulação financeira e de fanatismos-maniqueísmos cegos amplificam e aceleram os processos anunciadores de catástrofes.

Devemos, ao mesmo tempo, tomar consciência de que, se o desenvolvimento hoje em prática distribui prosperidades "à maneira ocidental" a uma fração da população do mundo, ele também já produziu enormes zonas de miséria e atualmente secreta em si mesmo desigualdades gigantescas.

É preciso saber mundializar e, ao mesmo tempo, desmundializar. É preciso empenhar-se na busca da mundialização que torne comum o destino de seres humanos de todas as origens, ameaçados por perigos mortais. Devemos nos sentir solidários a esse planeta, cuja vida condiciona a nossa. É preciso salvar nossa Terra-Mãe. O que propomos é perpetuar e desenvolver tudo o que a mundialização traz de intersolidariedades e fecundidades culturais, mas, ao mesmo tempo, restituir as autonomias vitais ao local, ao regional e ao nacional, além de salvaguardar e favorecer por toda parte a diversidade cultural. Precisamos desmundializar para conceder um lugar prioritário à economia social e solidária, para resguardar a economia local, preservar a agricultura de subsistência e a alimentação a ela associada, bem como os artesanatos e comércios de vizinhança, impedindo, assim, a desertificação das zonas rurais e a rarefação dos setores terciários nas zonas periurbanas em dificuldade.

De forma semelhante, devemos indicar que o modelo estandardizado do desenvolvimento ignora as solidariedades, habilidades e saberes das sociedades tradicionais e que é preciso repensar e diversificar o desenvolvimento de maneira que ele preserve as solidariedades próprias aos envolvimentos comunitários.

Por fim, começando por nós mesmos, devemos substituir o imperativo unilateral de crescimento por um imperativo complexo, determinando tanto o que deve crescer quanto o que deve decrescer. Desse modo, se é necessário fazer crescerem as energias verdes, os transportes públicos, a economia social e solidária, a escola, a cultura, as organizações dos espaços que visam à humanização das megalópoles, é preciso, paralelamente, fazer decrescerem a agricultura industrializada, as energias fósseis e nucleares, os parasitismos dos intermediários, a indústria de guerra, as intoxicações consumistas, a economia do supérfluo e da superficialidade, nosso modo de vida dilapidador. Mais do que opor o estandarte do crescimento ao do decrescimento, é chegada a hora de preparar a lista do que deve crescer e do que deve decrescer.

Em um mundo doravante multipolar, devemos nos esforçar por dar consistência à Europa, propiciando-lhe unidade, autonomia e vontade política. Isso lhe permitiria agir, visando à compreensão humana e à paz, sobre todos os grandes problemas do século. Tal continente deveria, então, por um lado, elaborar uma política comum de inserção dos imigrantes e, por outro, intervir contra a radicalização dos conflitos geradores de barbárie por toda parte onde eles se desencadeiam ou se prolongam, principalmente a tragédia Israel-Palestina, cujas metástases se encontram por todo o planeta.

Nós atribuímos à Europa um grande objetivo: da mesma forma que o Renascimento europeu dos séculos XV e XVI criou um processo civilizatório, revitalizando a contribuição do pensamento grego, tentaremos contribuir para um novo Renascimento, integrando a contribuição moral e espiritual de outras civilizações, principalmente a das sabedorias asiáticas. Devemos propor ao mundo que não perpetue a ocidentalização, tal como ela existe hoje, mas uma política da humanidade que, em todos os pontos do globo, levando em conta as particularidades, riquezas e deficiências culturais, visaria operar a síntese do que existe de melhor em todas as civilizações. A proposta de uma simbiose como essa das civilizações deveria rejeitar definitivamente a ideia de um choque ou de uma guerra de civilizações.

A Europa deveria continuar a desenvolver em seu seio os comportamentos humanistas, a democracia efetiva e o respeito aos direitos do homem e da mulher, mas deveria também reagir contra as degradações cada vez mais nefastas produzidas tanto no interior como no exterior de suas fronteiras por sua própria civilização. Daí decorre o papel que a França deveria desempenhar, assumindo a frente de um movimento em prol de uma "política de civilização" que ela começaria por aplicar em seu próprio contexto nacional.

Por outro lado, sabendo que a grande metamorfose não poderia acontecer senão por meio do desenvolvimento de um processo multiforme, podemos propor às nações, de uma vez por todas, uma governança mundial que não apenas reformaria e refundaria a ONU, mas criaria instâncias planetárias de decisão para problemas vitais – a proliferação das armas de destruição em massa, a degradação da biosfera, o retorno das fomes e a permanência das subalimentações – com a necessidade de uma verdadeira regulação econômica que diminuiria os efeitos perniciosos da especulação financeira mundial, inclusive a que se exerce nos preços das matérias-primas.

Nossa corrida para o abismo já suscitou, em diversos pontos do planeta, situações explosivas que explicam e justificam a proliferação geográfica do movimento dos Indignados. O crescimento das desigualdades, o cinismo insolente das corrupções, um desemprego endêmico são alguns dos pontos comuns no coro dos revoltados da primavera árabe, dos indignados da Espanha e da Grécia, de Israel e do Chile, dos insurgentes de Londres e das grandes cidades inglesas, dos protestatários de Israel, das insurreições ocorridas na Índia.

Tenhamos consciência do quão dramático é, para a espécie humana, o momento que vivemos, consciência das ambivalências desse momento, de seus riscos e perigos, e também de suas chances.

II
UMA POLÍTICA PARA A FRANÇA

Sob um bom governo, a pobreza é uma vergonha;
Sob um mau governo, a riqueza é uma vergonha.

CONFÚCIO

A verdadeira vida está ausente.

RIMBAUD

Alguns acreditam, na França, que a integração crescente na mundialização tornaria impossível qualquer política nacional autônoma resistente às ameaças e aos males que essa mesma mundialização produz, revelando-se capaz de se beneficiar de seus aspectos positivos. Desejamos mostrar que, diante desse novo desafio, é possível uma nova política que abriria simultaneamente a via para uma regeneração da sociedade francesa.

Conscientes da dependência francesa diante da mundialização, muitos se sentem impotentes, resignam-se, caem no fatalismo e, perdendo inteiramente a esperança, despolitizam-se ou se enraivecem. Conscientes dos males engendrados pelas dependências que a França mantém com o mundo e a Europa, alguns acreditam que a salvação consiste em se abster de tudo, ou seja, desmundializar e deseuropeizar a França. Sustentar essa posição é não perceber que o isolamento e o fechamento seriam um mal maior do que aquele de que se pretendia escapar. Queremos despertar a consciência da possibilidade de uma nova política nacional autônoma na França a partir dos duplos princípios que enunciamos: mundializar e desmundializar, desenvolver e envolver. Como já indicamos, desmundialização e envolvimento significam a salvaguarda dos interesses vitais das pátrias e das regiões, a proteção das culturas vivas. O duplo princípio permite definir uma política que assegure simultaneamente as solidariedades planetárias, nacionais, das coletividades locais e a qualidade dos solos. Tal princípio permite propor uma política profundamente reformadora e transformadora no espaço da nação.

Por que reformar e transformar?

Precisamos partir deste triplo diagnóstico:

1. multiplicidade e agravamento dos problemas e dos males que nossa sociedade e nossa civilização suscitaram e fizeram crescer;
2. ameaças crescentes pairando sobre as melhores aquisições de nossa sociedade e de nossa civilização;
3. desprezo dos valores afirmados pela Resistência e, com grande frequência, violados pela maioria governamental da atualidade.

Para começar, evoquemos os seguintes fatores: os apetites desenfreados do lucro, a degradação das solidariedades concretas, a hiperburocratização dos setores administrativos público e privado, a exacerbação e a pressão da competitividade, a forma degenerada da concorrência, a dominação do quantitativo sobre o qualitativo, as intoxicações consumistas que impelem à aquisição de produtos dotados de qualidades ilusórias, a degradação da qualidade dos alimentos por serem provenientes da agricultura e da pecuária industrializadas, a impotência dos consumidores, dos pequenos e médios produtores, dos cidadãos condicionados e atomizados, a carência cada vez mais gritante de um sistema educativo que separa e compartimenta os conhecimentos, interditando, assim, a possibilidade de abarcar os problemas fundamentais e globais de nossas vidas como indivíduos e cidadãos, a crise de um pensamento político cego que, submetido a um cretinismo economista que degrada todos os problemas políticos em questões de mercados, é incapaz de formular qualquer grande propósito.

Evoquemos, em seguida, os males de nossa civilização: por toda parte onde chegou, o bem-estar material não trouxe o bem-estar mental, fato testemunhado pelo consumo desenfreado de drogas, ansiolíticos, antidepressivos e soníferos pelas pessoas de alto poder aquisitivo. A finalidade do bem-estar se degradou ao concentrar-se ele exclusivamente no conforto material. O desenvolvimento econômico não trouxe sua contrapartida moral. A aplicação da cronometria, da hiperespecialização, da compartimentalização no trabalho, nas empresas, nos setores públicos e, finalmente, em nossas próprias vidas, com muita frequência provocou uma burocratização generalizada, a perda da iniciativa, o medo das responsabilidades. Os progressos felizes do individualismo trouxeram as regressões infelizes das solidariedades.

Em nossa sociedade, há uma carência de empatia, de simpatia e de compaixão, carência essa traduzida pela indiferença, pela falta de cortesia entre pessoas que quase sempre habitam um mesmo bairro ou edifício, pois dizer bom-dia ao desconhecido com quem se encontra significa reconhecê-lo como um ser humano digno de simpatia. De forma semelhante, há a carência de compreensão no seio de uma mesma empresa ou família. Quando a missão se reduz à profissão, há carência de amor nos cuidados médicos e hospitalares e no ensino, ao passo que, como afirmava Platão, "para ensinar há necessidade de eros", ou seja, do amor pelo conhecimento que se ensina, bem como por aqueles a quem ele é destinado. Assim, como afirmou Axel Honneth* de modo pertinente: "É graças à experiência do amor que cada um pode conquistar a confiança em si." A forma suprema do reconhecimento do outro é o amor.

Daí decorre o mal-estar no bem-estar, a solidão que afeta milhões de pessoas na França, principal causa da procura pelo SOS Amizade. Daí decorrem consequências como alcoolismo, consumo de drogas, depressão, doenças psíquicas, os quais testemunham a degradação dos laços

---

* Assistente de Jürgen Habermas, Honneth é professor da Universidade de Frankfurt desde 2001. A base de suas ideias sobre a luta pelo reconhecimento reside no fato de que o florescimento humano e a autorrealização dependem essencialmente de relações éticas consolidadas. (N.Ts.)

que religam (solidariedade social e familiar etc.). Acrescentemos a isso as miríades de pequenos males que oprimem, perturbam, obscurecem nossas vidas: as esperas intermináveis nos guichês, nos pronto-socorros dos hospitais e ao telefone; as indicações dos postos de atendimento, que nos mandam de um lugar a outro, indicações essas resultantes da sobrecarga dos empregados, ela mesma associada à compartimentalização das atividades – cada funcionário estando encerrado em seu domínio de competência – e às reduções de pessoal em nome da racionalização e da competitividade. De fato, não são apenas os desempregados e os consumidores que sofrem por causa dessas sobrecargas e compartimentalizações, são também os empregados, que enfrentam as pressões geradoras de estresse, doenças psicossomáticas, depressão e até mesmo suicídio. Por isso, é preciso romper a burocratização e, simultaneamente, eliminar a competitividade exacerbada.

Ao mesmo tempo, as melhores aquisições da história da França começam a ser ameaçadas. O exemplo francês é surpreendente: no decorrer do século XX, a França republicana, laica, social havia relegado a segundo plano uma França reacionária, fechada, xenófoba, racista e autoritária. Foi necessário que acontecesse o maior desastre militar jamais sofrido pelo país para que essa segunda França, nostálgica de autoritarismo e reacionária, a mesma segregação xenófoba e racista, a mesma que havia apagado de seus frontes o emblema de Liberdade, Igualdade e Fraternidade, triunfasse sob o signo de Vichy. Mas essa segunda França, comprometida no colaboracionismo com o ocupante, desmoronou por ocasião da Libertação de Paris. A França republicana e social pareceu, então, afirmar-se definitivamente. Entretanto, assiste-se à escalada de um vichismo galopante, que não pode ser imputado a nenhum desastre militar, a nenhum colaboracionismo, a nenhum ocupante. Não analisaremos aqui as causas nacionais e mais gerais dessa regressão. Indicamos que a dissolução da crença no progresso histórico, as incertezas do presente, as turbulências econômicas, a crise de civilização, tudo isso alimenta as angústias que, por falta de esperança em um futuro melhor, buscam refúgio nas certezas do passado, retrocedem a uma concepção mutilada da identidade nacional, encontram seu bode expiatório no estrangeiro, no imigrante, que, então, passa a ser considerado um inimigo infiltrado no país.

Doravante, a xenofobia desencadeou-se oficialmente: imigrantes demais, estrangeiros demais, uma quantidade demasiada de bairros dominados por magrebinos e africanos. Em Nova York, os americanos ficam ofuscados pela existência do Harlem, do Bronx, de bairros inteiramente negros, porto-riquenhos, judeus, italianos ou chineses? Sempre multiétnica em suas pequenas cidades e burgos, a França continuou a sê-lo durante o século XX, por intermédio do afrancesamento dos imigrantes, mas agora o país se encontra em uma situação intermediária com relação aos Estados Unidos. Tal país foi povoado principalmente por imigrantes, mas reprimiu seus povos indígenas, excluindo-os da identidade nacional, assassinando a história anterior à conquista europeia, fazendo com que sua história começasse com a independência e perpetuando-a com suas miscigenações. A França, por sua vez, é primeiro uma miscigenação de gauleses, romanos e francos. Ela é o produto mais do que milenar de uma história constituída pela integração de etnias em províncias as mais diversas (por flamengos, alsacianos, bretões, bascos etc.), história essa que prosseguiu sob a Terceira República por meio da integração de sucessivas ondas de imigrantes. Assim, ao afirmar-se completamente una e indivisível, a França sempre foi uma realidade multicultural que se ampliou após a Segunda Guerra por novos fluxos populacionais. Ao defender os direitos dos imigrantes, defendemos o princípio fundador, gerador e regenerador da França: o princípio do afrancesamento. Se precisamos de uma nova resistência, ela não é contra um ocupante estrangeiro, mas contra o mal interior que corrói a nação.

Uma cultura fechada, desvitalizada não pode tolerar senão uma taxa insignificante de imigrantes e não sabe integrá-los. Uma cultura viva, aberta pode integrá-los em grande número. É preciso revitalizar a França, fomentar sua abertura. É o povo que, ao desejar regenerar a França republicana, expressa com isso seu espírito nacional.

A conjunção do agravamento das crises de civilização, de sociedade e econômica agrava os perigos. As fissuras sociais transformam-se em rachaduras, a exclusão se amplia, andamos como sonâmbulos rumo a desastres pressentidos, mas que ainda permanecem imperceptíveis. Em uma sociedade angustiada, frustrada, deslocada, o crack da Bolsa de Valores, em 1929, desencadeou a ascensão legal do nazismo ao poder, suscitando um processo conflituoso que levou à guerra de 1939-1945. A crise atual exacerba toda espécie de rupturas, medos e ódios, além de nos encaminhar a novos abismos. A crise das democracias encontra-se agravada pela crise econômica, e, conjugadas, essas crises amplificam a escalada dos extremismos, escalada essa que a palavra "populismo" recobre mal, sobretudo pelo fato de que a esquerda, ela própria em crise, ainda não conseguiu orientar os descontentamentos visando a uma saída emancipadora, de que as forças populares, tão ativas no passado, encontram-se fragmentadas ou deslocadas, e de que os sentimentos de impotência e resignação generalizados correm o risco de se transformar em furor e delírios. Daí decorre a urgência de outro pensamento e outra política em todos os domínios.

A POLÍTICA DO BEM-VIVER

Todos os grandes e pequenos males que assinalamos, fatores de degradações políticas, sociais e civilizacionais, elas próprias geradoras de múltiplas degradações cotidianas no cerne de nossas existências, devem ser combatidos por uma política regeneradora que reformaria em profundidade a sociedade francesa e, simultaneamente, os modos de vida no país. A hegemonia do quantitativo sobre o qualitativo deve ser revertida, assegurando pelo menos as quantidades de bens e produtos destinados a suprimir as carências. Tal hegemonia deve visar à ampliação das autonomias, inserindo-as inteiramente nas comunidades. Ressuscitando as solidariedades, essa hegemonia faria retroceder o egoísmo. Ela se preocuparia não apenas com a sobrevivência (ou seja, com as obrigações sem alegrias nem felicidades), mas também com o viver que se confunde com a expansão nos relacionamentos com o outro e o mundo, nos quais as emoções e os maravilhamentos estéticos devem ser considerados não como luxos reservados à elite, mas como direitos reservados a cada um.

Com essa finalidade, propomos uma via que conjugue uma nova política econômica e social do trabalho, que implique desburocratização e "descompetitização", além de uma política da cidade, outra do campo, outra da produção agrícola e outra mais do consumo, tudo isso representando diversos e complementares instrumentos de uma política do bem-viver.

O bem-viver pode parecer sinônimo de bem-estar. Mas, em nossa civilização, a noção de bem-estar reduziu-se a seu sentido material, o que implica conforto e posse de objetos e bens, sem comportar de maneira alguma o que é próprio do bem-viver, o que serve à expansão pessoal, ou seja, as relações de amor e amizade, o sentido da comunidade. Sem dúvida alguma, hoje em dia, o bem-viver deve incluir o bem-estar material, mas deve opor-se a uma concepção quantitativa, que acredita buscar e alcançar o bem-estar no "sempre mais". Bem-viver significa qualidade da vida, e não quantidade de bens. Ele engloba, antes de mais nada, o bem-estar afetivo, psíquico e moral.

Contra a hegemonia da quantidade, do cálculo, do possuir, devemos promover uma vasta política de qualidade da vida,[2] ou seja, mais uma vez, do bem-viver. Com essa finalidade, precisamos favorecer tudo o que

---

[2] O que Alain Caillé, por sua vez, denomina uma "política da convivialidade".

vá de encontro às múltiplas degradações causadas à qualidade do ar, à alimentação, às águas, à saúde e ao clima. Qualquer economia de energia deve traduzir-se por um ganho de saúde e qualidade de vida. Desse modo, a desintoxicação automobilística dos centros das cidades se traduzirá em uma diminuição das afecções respiratórias e das doenças psicossomáticas. A redução da agricultura e da pecuária industriais em prol de uma ruralidade camponesa e a purificação dos lençóis freáticos – ou seja, de nossas fontes de água potável – restaurarão a qualidade dos alimentos, promovendo uma saúde melhor para o consumidor. A redução das intoxicações consumistas (cuja poluição publicitária pretende oferecer sedução e prazer nos bens supérfluos e por meio deles), do desperdício de objetos descartáveis, da acelerada sucessão dos modismos, que tornam os produtos obsoletos em um tempo muito curto, nos conduzirá a uma reversão da corrida desenfreada rumo ao "sempre mais" em benefício de um caminho sereno em direção ao "sempre melhor". Esse movimento se inscreverá em uma ação contínua a favor de duas correntes que convém desenvolver: a primeira relacionada à reumanização das cidades e à revitalização das zonas rurais, ambas necessárias ao bem-viver, e a segunda implicando a necessidade de reavivar os vilarejos com a adoção do trabalho em domicílio, o retorno da padaria, do bistrô, do correio, da escola primária, a conservação das estradas vicinais e a manutenção dos transportes coletivos. A revitalização e o repovoamento das zonas rurais caminham juntos.

Não devemos negligenciar a reforma dos setores públicos nem nos esquecer de incitar a reforma dos setores privados. Nesse domínio, é preciso desburocratizar, desesclerosar, descompartimentalizar, dar iniciativa e leveza aos funcionários públicos e empregados, dedicar boa-vontade, paciência e atenção a todos aqueles que devem enfrentar os guichês, a começar pelas pessoas idosas e por aquelas que não dominam com facilidade as línguas e os números. A reforma do Estado se efetuará não pelo aumento ou pela supressão de empregos, mas pela modificação da lógica que considera os humanos objetos submetidos à quantificação em vez de considerá-los seres dotados de autonomia, inteligência e afetividade.

O bem-viver pressupõe o desenvolvimento individual no seio das relações comunitárias. Nossas vidas são polarizadas entre uma parte prosaica, que suportamos sem alegria, por pressão ou obrigação, e outra poética, representada por tudo aquilo que nos confere plenitude, fervor e exaltação, parte essa que encontramos no amor, na amizade, nas comunicações coletivas, nas festas, nas danças, nos jogos. A prosa da vida nos permite sobreviver. Mas viver é fazê-lo poeticamente. O êxito dessa política de civilização permitiria aos franceses expressarem ao máximo suas virtualidades poéticas.

A REVITALIZAÇÃO DA SOLIDARIEDADE

Para assegurar o bem-viver, será necessário que revitalizemos a solidariedade. Propomos a criação das Casas da Fraternidade em cidades de médio e grande portes, além de nos bairros das metrópoles, como Paris. Essas casas reagrupariam todas as instituições de caráter solidário, públicas ou privadas, já existentes e comportariam novos serviços dedicados à intervenção de urgência junto às vítimas de adversidades morais ou materiais, bem como a salvar do naufrágio as vítimas de *overdose* não apenas de drogas, mas também de mal-estar ou tristeza. Em vista das dificuldades de admissão nos hospitais, elas comportariam um ambulatório que forneceria tratamentos de emergência.

Enquanto, no tempo das estruturas autoritárias, familiares e sociais, os indivíduos eram psiquicamente enquadrados em normas impostas à custa de inumeráveis frustrações, na ausência de comunidades fortes e duráveis, os progressos da autonomia individual no seio da família e na vida social determinaram maior facilidade e frequência maior ainda de separações e divórcios, eles próprios fatores de múltiplas neuroses, dores, solidões e perturbações psíquicas que necessitam de atenção e amor para ser um pouco mais aliviadas.

As Casas da Fraternidade também seriam centros de amizade e atenção aos outros. Elas teriam uma missão polimorfa: seriam simultaneamente locais de iniciativa, mediações, empatia, compaixão, socorro, informação, benevolência e mobilização permanentes.

Por outro lado, tornou-se urgente a instituição de um Serviço Cívico da Fraternidade, que, além de responder às necessidades das Casas de Fraternidade, ofereceria seus serviços nos locais de desastres coletivos – inundações, terremotos, altas temperaturas, secas etc. – não apenas na França, mas também em toda a Europa e outros continentes. Desse modo, a fraternidade estaria profundamente inscrita e viva na sociedade reformada à que aspiramos.

A revitalização da solidariedade se efetuaria também no desenvolvimento e na aplicação de certas reformas que evocamos anteriormente ou sobre as quais falaremos: a reforma "desburocrática" desrobotizaria os trabalhadores dos setores públicos e das empresas privadas, lhes devolveria a iniciativa, faria com que se comunicassem uns com os outros, os descompartimentalizaria em relação aos usuários dos serviços desses setores, faria com que desenvolvessem uma consciência solidária do todo do qual participam. A reforma do ensino abriria as mentes jovens para os problemas fundamentais e globais de suas vidas futuras como indivíduos e cidadãos, bem como para a indissolúvel relação indivíduo/sociedade/espécie.

Em nossa concepção da fraternidade, os jovens delinquentes ainda se encontram em uma idade plástica, e é nosso dever propiciar-lhes as possibilidades de reabilitação e redenção. Não consideramos os imigrantes em particular, intrusos a serem rejeitados, mas irmãos oriundos da miséria, não apenas criada por nossa colonização passada, mas também da engendrada em seus países pela introdução de nosso sistema econômico, o qual destruiu suas policulturas de subsistência, deportou suas populações agrárias para a indigência das periferias urbanas empobrecidas e favoreceu as piores corrupções na cúpula dos Estados.

Não minimizamos, com isso, os problemas da segurança, principalmente da forma como são sentidos por todos aqueles que dependem dos transportes coletivos e vivem em certos subúrbios. Como nos mostra a situação dos Estados Unidos, porém, a repressão nada faz senão encorajar delinquência e criminalidade, que encontram nas prisões verdadeiras incubadoras. Devemos compreender que aqueles que nossa sociedade rejeita rejeitam essa sociedade e também a nós. Apelamos para uma política de prevenção que rejeite a rejeição. Não devemos reduzir essa política a medidas de residencialização, de videoproteção, de instalação de polícias de proximidade; não devemos desenvolver apenas um novo urbanismo e rever a distribuição do território. Devemos colocar em prática uma política de humanização e de solicitude: os exemplos locais de Medellín, na Colômbia, do complexo de favelas Cantagalo e Pavão-Pavãozinho, no Rio de Janeiro, e em Caracas, onde uma orquestra sinfônica foi criada com crianças das periferias empobrecidas, nos mostram que reconhecer a dignidade de crianças e adolescentes, fornecer-lhes acesso à instrução, à informática, às artes e, sobretudo, oferecer-lhes compreensão e afeição são atitudes que diminuem drasticamente a delinquência juvenil.

POLÍTICA DA JUVENTUDE

Devemos enunciar uma política da juventude em função do que o adolescente representa sociológica e culturalmente: trata-se do elo mais frágil (por ser o menos integrado entre o abrigo protetor da infância e a inserção nos contextos adultos), mas também do mais forte da sociedade (por ser dotado das maiores energias, das mais fortes aspirações, das maiores capacidades de revolta). Trata-se de uma força que pode ser explosiva e emancipadora, mas também devastadora e destruidora quando é rejeitada e fechada em guetos. Vimos isso na região parisiense, em 2005, e em Londres, em 2011. Uma política da juventude não implica apenas a solidariedade *via* serviço cívico, ela nos conduz a nos solidarizar com os problemas dos jovens e a reconhecer a *dignidade* de todos os que são rejeitados.

A REMORALIZAÇÃO

Quando a ética busca sua fonte na responsabilidade e na solidariedade, tudo o que acabamos de enunciar contribui para a revitalização ética e, mais amplamente, para a remoralização de uma sociedade degradada pelo desenvolvimento da irresponsabilidade e pela amplificação da corrupção.

Notemos que a corrupção se tornou um fenômeno de grandes proporções, que afeta os setores públicos, os Estados e os políticos eleitos, além de se propagar em todos os aspectos da vida graças ao reino da monetarização e à degradação de todas as normas que inibem os egoísmos. A remoralização não pode satisfazer-se com lições de moral. Ela começa com a regressão da hegemonia do lucro, a revitalização das solidariedades. Por outro lado, eventualmente por uma severidade mais ampla, seria necessário restaurar, por exemplo, a moralidade dos administradores e funcionários do Estado, bem como a de todas as profissões que comportam uma missão social (médicos, professores, magistrados, políticos eleitos etc.). Por isso, propomos a criação de um Conselho de Estado Ético (formado por conselheiros de Estado e membros do Tribunal de Contas, magistrados, personalidades humanistas, militantes de causas humanitárias etc.) que, entre outras coisas, programaria o ensino da benevolência confuciana para todos aqueles que desejassem abraçar uma carreira pública que comportasse responsabilidade e/ou poder.

O TRABALHO E O EMPREGO

A crise do trabalho é dupla: afeta tanto as condições de trabalho quanto as de emprego.

As primeiras tornaram-se cada vez mais penosas em razão da sobrecarga dos empregados, decorrente das pressões da competitividade e das racionalizações (que aplicam a racionalidade das máquinas artificiais ao ser humano). A reforma que esboçamos consiste em desenvolver, tanto nas empresas privadas quanto nas públicas, uma autêntica racionalidade humana que restaure a comunicação entre os setores compartimentalizados e autorize, simultaneamente, as iniciativas criadoras, bem como uma participação de todos no conjunto do resultado. Por outro lado, os horários deverão ser concebidos em função do interesse do trabalho, da fatigabilidade, da segurança, muito mais do que pela prescrição de um número fixo (quarenta horas, por exemplo). De forma semelhante, propomos a modificação de certos regimes de aposentadoria, eliminando a idade-limite para as profissões apaixonantes, como já acontece no caso da política, nas artes, na pesquisa, no ensino superior etc. – algo que deve ser feito, claro, por meio de controles regulares da saúde física ou mental do indivíduo. Além disso, segundo as características das profissões e os desejos dos trabalhadores interessados, a idade da aposentadoria seria diferenciada (sempre com um controle anual das capacidades mentais e físicas, realizado por uma equipe médica do governo).

Em matéria de emprego, propomos a instituição de ajudas que estimulem a criação e o desenvolvimento de qualquer atividade que contribua para a qualidade de vida. O Estado Assistencial, ou *Welfare State*, vem regredindo na França, embora o essencial de suas conquistas tenha sido preservado (mas por quanto tempo?). Um novo tipo de assistência tornou-se necessária: não apenas é preciso prestar socorro ao doente, ao desempregado, ao muito pobre, como também a assistência pública deve estender-se à criação de empresas e obras necessárias ao bem-viver coletivo. Desse modo, o Estado Investidor Social deve complementar o Estado Assistencial.

A POLIRREFORMA ECONÔMICA: A ECONOMIA PLURAL

Em matéria de economia, promovemos as equitativa, social e solidária no seio de uma economia plural. Aqueles que denunciam o capitalismo são incapazes de enunciar uma alternativa minimamente plausível; os que o consideram imortal se resignam a ele. A social-democracia emudeceu no que se refere a seu principal inimigo.

Em lugar de resignar-se com um capitalismo considerado imortal, ou de acreditar, ao contrário, que ele agoniza, a economia plural engloba a capitalista e suas multinacionais, mas comprime progressivamente a esfera do capitalismo. Abole seu caráter todo-poderoso, empenhando-se prioritariamente em exercer um estrito controle sobre o capitalismo financeiro.

Na França, a economia plural se preocupará em desenvolver as pequenas e médias empresas, a economia social e solidária, o comércio equitativo e a ética econômica.

1. *O desenvolvimento das economias social e solidária* comporta o encorajamento às cooperativas e sindicatos de produção e consumo, às associações e profissões de solidariedade, aos bancos de poupança solidária e de microcrédito, ao estabelecimento de novas

medidas legislativas e fiscais destinadas a financiar os projetos de vizinhança, criadores de empregos.

2. *O desenvolvimento da economia equitativa* conduzirá ao desenvolvimento do comércio equitativo que, por um lado, salvaguarda os interesses dos pequenos produtores, reprimindo e depois suprimindo os intermediários predadores, e, por outro, mantém um nível de preços conveniente para proteger esses produtores das flutuações de mercado das matérias-primas. Tal economia implicará a neutralização da predação dos grandes intermediários, principalmente no consumo alimentar, que impõem um preço muito baixo aos produtores e muito elevado aos consumidores. Ela favoreceria as AMAPs[3] e outras formas de relações diretas entre produtores e consumidores, o que, aliás, teria a vantagem de favorecer a pequena agricultura hortifrutícola, camponesa e biológica.

3. *O desenvolvimento da "economia verde"* comportaria não apenas a substituição das energias poluentes pelas saudáveis e, portanto, a instalação de novos meios de produção das energias verdes (solar, eólica, hidráulica, geotérmica etc.), mas implicaria também,

---

[3] Associações para a Manutenção da Agricultura Camponesa (em francês *Associations pour le maintien d'une agriculture paysanne*).

uma política de grandes trabalhos de humanização e despoluição urbanas. Essa economia faria reduzir as subvenções à agricultura industrializada para redistribuí-las à agricultura camponesa ou biológica.

Devemos efetuar nosso próprio *New Deal*, lançando grandes trabalhos de infraestrutura que, simultaneamente, criarão empregos, diminuirão drasticamente o desemprego e relançarão a economia. Enquanto isso, a referida política de rigor conduz a uma crescente recessão, a novas perdas de emprego, às diminuições de salários e contribuições e a uma queda do consumo que, acreditando reduzir a crise econômica, são fatores que agravam a crise social. O desenvolvimento da alimentação de vizinhança nos fornecerá produtos não industrializados e, além disso, nos preparará para enfrentar melhor as crises que ameaçam afetar cada vez mais nosso planeta.

4. *Toda política deve integrar a problemática ecológica* em suas preocupações fundamentais ligadas ao bem-viver, mas não se pode deixar desintegrar pela ecologia. O abandono progressivo da fissão nuclear deve ser acompanhado da manutenção de pesquisas sobre a fusão nuclear. Para esclarecer melhor os cidadãos sobre esses problemas, propomos a criação de uma pesquisa sobre o subdesenvolvimento da energia nuclear,

sobre a subinformação a respeito de seus riscos e o subdesenvolvimento das energias renováveis na França.
5. *O Estado Investidor Social*. O Estado-previdência é cada vez mais corroído pela mundialização. É conveniente salvaguardar as garantias de base que ele manteve ou criou, mas é preciso, também, desenvolver em grande escala o Estado Investidor Social. O investimento social pelo Estado consiste em favorecer, por meio de créditos (reembolsáveis em caso de sucesso), todas as criações de pequenas e médias empresas que respondam às necessidades de salubridade, convívio, assistências multiformes e estética da vida cotidiana. O Estado Investidor deverá engajar-se em um *New Deal* francês, colocando em prática uma política de grandes trabalhos para desenvolver o sistema ferroviário de transporte de contêineres, ampliar e distribuir os canais de circulação, criar cinturões de estacionamento ao redor das cidades e dos centros urbanos, estimular mais o uso de transportes coletivos e os modos de locomoção individuais não poluidores. Tudo isso permitirá criar empregos e, simultaneamente, melhorar a qualidade de vida. As despesas ocasionadas pelos grandes trabalhos de salubridade urbana, sendo esta proposta adotada, seriam compensadas, em alguns anos, pela diminuição

do custo das doenças sociopsicossomáticas provocadas pelo estresse, pelas poluições e pelas intoxicações.

6. *Redução da competitividade, mas manutenção da concorrência.* A concorrência é exercida em um mercado controlado por regras. A competitividade é uma forma exacerbada de concorrência, exercida no seio das empresas em detrimento das condições de trabalho. Ela conduz ao desemprego que, por sua vez, aumenta a carga de trabalho dos que ainda se mantêm empregados. Como a competitividade se justifica pela necessidade de responder ao baixo preço das mercadorias importadas, propomos taxar, na proporção de sua diferença em relação aos preços das mercadorias nacionais, aquelas que, entre essas últimas, mantêm-se baratas em virtude da superexploração de trabalhadores privados de liberdade, como na China. Toda vez que o "barato" for causado pela superexploração e por condições que impedem atividades sindicais e pluralismo político, uma taxa de importação deverá ser aplicada. Com isso, ilustramos aqui nosso duplo imperativo: mundializar e desmundializar, esse último aspecto comportando as proteções aduaneiras, variáveis e temporárias, destinadas a salvar da morte certas economias locais, regionais ou nacionais.

7. *A especulação financeira será jugulada* por intermédio de um rígido controle dos bancos, pela supervisão vigilante das agências de classificação de riscos,

pela criação de uma taxa sobre as transações financeiras de curto prazo, pela interdição do jogo especulativo sobre as flutuações de preços, pela criação de uma lei antitruste que interdite os monopólios e oligopólios e, por fim, por uma ação internacional para a supressão dos paraísos fiscais.

8. *Serão desenvolvidas as subvenções para a agricultura e a pecuária não industrializadas e biológicas* mais que para a agricultura e a pecuária industrializadas.

9. *Uma bolsa será concedida às famílias desfavorecidas*, baseada no modelo brasileiro da *bolsa-família*, que lhes fornecerá os recursos monetários destinados à educação de seus filhos e às suas necessidades mais urgentes.

Todos esses meios concorrerão para fazer regredirem o domínio do capitalismo, a hegemonia do lucro e o poder dos *lobbies* financeiros no seio da democracia francesa. Eles contribuirão para que se opere uma verdadeira retomada econômica, comandada pelo crescimento do melhor, principalmente da economia verde, e pelo decrescimento do pior, ou seja, da economia do desperdício, do supérfluo, do descartável e dos produtos de valor mitológico ou ilusório. Desse modo, esses meios trabalharão para uma progressão do bem-viver.

Política do consumo

A nova política econômica se conjugará a uma nova política do consumo.

Dado o subconsumo das classes miseráveis, será necessário fornecer-lhes outra coisa além do pão sem fermento, do frango criado com hormônios, da carne de um gado engordado artificialmente, das conservas feitas com ingredientes duvidosos. Uma caderneta de alimentação que comportasse reduções de preços (com o reembolso da diferença feito pelo Estado ou pela zona territorial, em vez dos vales-refeições) permitiria aos desfavorecidos o acesso a uma alimentação saudável, fresca e saborosa.

Em contrapartida, nas classes médias e pobres, há o superconsumo de produtos nocivos, excessivamente salgados ou açucarados, esses últimos considerados fatores de obesidade para crianças e adolescentes condicionados pela publicidade a essas "doçuras", as quais produzem verdadeiras intoxicações de açúcar. Há o superconsumo de produtos cujas virtudes são exageradas ou ilusórias, os quais prometem saúde, beleza, longevidade, rejuvenescimento, virilidade. Os consumidores de hoje possuem margens frágeis de escolha consciente. São raras as publicações que lhes informam o valor real dos alimentos ou produtos. Sem ter quase conhecimento do preço justo, esses consumidores com frequência obedecem aos anúncios publicitários mais sedutores.

Dispersos, os consumidores são impotentes. Aliados, constituiriam uma força cívica considerável, dispondo de um poder de seleção e de boicote que pesaria sobre a qualidade e o preço dos produtos e, simultaneamente, favoreceria o bem-viver.

Propomos a criação de uma Secretaria Pública do Consumo que educaria os consumidores (ministrando, por exemplo, aulas sobre consumo, no Ensino Médio), cuidaria da qualidade dos produtos e do controle das publicidades. Ela suscitaria a união das associações existentes em uma Liga Nacional dos Consumidores.

Será favorecida a agricultura hortifrutícola em torno dos centros urbanos que, com isso, disporão de uma alimentação local. Estimularemos, também, a renúncia ao consumo de frutas de outono no inverno, protegeremos os pequenos produtores franceses de ovinos, suínos e bovinos, taxando o gado criado em massa em continentes distantes e reforçando drasticamente os controles de percurso dos alimentos importados.

Desigualdades

Desde que se consolidou a onipotência do liberalismo econômico, o crescimento das desigualdades tem aumentado as formas de pobreza, acentuado a transformação dessa última em miséria, fomentado o poder dos ricos, intensificado as corrupções no seio da classe dirigente ao passo que uma pequena oligarquia desfruta de privilégios fiscais inacreditáveis.

No plano imediato, propomos a constituição de três Conselhos Permanentes:

1. *Um Conselho Permanente de luta contra as desigualdades,* que combateria, em primeiro lugar, os excessos (de benefícios e remunerações na cúpula) e as insuficiências (de nível e qualidade na base). Tal conselho teria como função cuidar da avaliação anual dos salários mais baixos e da redução dos salários mais altos. Contra as precariedades e dependências ligadas à miséria, esse conselho determinaria um sistema de defesa fiscal de proteção dos desfavorecidos, uma política intensiva de construção de habitações.
2. *Um Conselho Permanente encarregado de reverter o desequilíbrio* na relação capital-trabalho, desequilíbrio esse intensificado a partir de 1990.
3. *Um Conselho Permanente de tratamento das transformações sociais e humanas,* cuja obrigação seria cuidar dos problemas naturais, biológicos e sociais engendrados pela degradação da biosfera: a luta contra as poluições industriais urbanas e rurais, pelo desenvolvimento das energias renováveis, pela proteção e pela melhoria da qualidade de vida.

Um solene apelo de cidadania será dirigido às pessoas muito ricas para que visualizem por si mesmas uma nova "noite de 4 de agosto",* confirmando o abandono de uma parte de suas riquezas como já fizeram certos miliardários americanos que decidiram abdicar da metade de suas fortunas – ou solicitando um aumento de seus impostos (Warren Buffet).[4] De qualquer forma, esta é a ocasião de rever cuidadosamente a balança tributária e reformar em profundidade nosso sistema fiscal.

Educação

Devemos promover vastas reformas para conseguir a democratização do ensino, restituir a dignidade aos educadores e reverter a tendência da supressão de postos de trabalho.[5] Devemos, porém, efetuar também uma profunda reforma, em virtude do princípio formulado por

---

* A noite de 4 de agosto de 1789 foi fundamental para a consolidação posterior do ideário da Revolução Francesa e da Queda da Bastilha, ocorrida em 14 de julho do mesmo ano. (N.Ts.)

[4] Seguindo o exemplo, alguns grandes empresários franceses pediram para ser mais fortemente taxados.

[5] *L'Ecole, changer de cap* [A escola, mudar de rumo], sob a direção de Armen Tarpinian, Chronique sociale, 2007.

Rousseau em *Emílio*: *"Quero ensiná-lo a viver."* Trata-se de fornecer a cada aluno os meios de enfrentar os problemas fundamentais e globais inerentes a cada indivíduo, a cada sociedade e à humanidade inteira. Com muita frequência, esses problemas encontram-se desintegrados nas e pelas disciplinas compartimentalizadas.

Nenhuma melhoria pode ser efetivada no Ensino Fundamental, chave de todo o edifício da educação francesa, sem uma visão total do problema da formação de professores (pelo retorno das Escolas Normais, estupidamente suprimidas, embora promovessem os alunos mais brilhantes dos meios desfavorecidos, transformando-os nos melhores agentes da integração republicana), pela revalorização de sua profissão (com frequência considerada um salário complementar), pela alocação dos professores mais experientes e voluntários para as classes e zonas mais difíceis.

A missão fundamental do Ensino Médio é permitir às gerações jovens, na idade plástica e decisiva da adolescência, que enfrentem os problemas de suas vidas nas condições de cidadão e de habitante da Terra. Nesse sentido, tal ensino deve abordar os problemas globais e fundamentais de nossas vidas e de nossa época, o que implica a colaboração de saberes disciplinares que permaneceram separados uns dos outros.

É de importância capital ensinar não apenas os conhecimentos, mas *o que é* o conhecimento, ameaçado pelo perigo do dogmatismo, do erro, da ilusão e da redução, além de, consequentemente, ensinar as condições de um conhecimento pertinente.

É de importância capital ensinar não apenas o humanismo, mas também *o que é* o ser humano em sua tripla natureza — biológica, individual e social — bem como uma clara consciência da condição humana, de sua história, seus meandros, suas contradições e tragédias.

É de importância capital ensinar a compreensão humana, a única que permite manter a solidariedade e a fraternidade. Essa compreensão nos permite conceber nossa identidade e, simultaneamente, nossas diferenças uns com os outros, reconhecer a complexidade alheia em vez de reduzir o outro a uma única característica, geralmente negativa.

É de importância capital ensinar o conhecimento do momento atual vivido pela humanidade, além de suas mudanças, chances e riscos, o que inclui os problemas vitais — para cada um e para todos — de nossa época, marcada pela globalização.

É de importância capital ensinar a enfrentar as incertezas que persistem inevitavelmente em cada vida individual, na vida coletiva e na história das nações, incertezas essas agravadas por nós mesmos, por nossas sociedades, pela humanidade.

Também é fundamental promover um ensino voltado para os problemas de civilização que afetam a vida cotidiana: a situação da família, a cultura jovem, a vida urbana, as relações cidade-campo (problemas de humanização das cidades e de revitalização do campo), a educação para o consumo, para os lazeres, para as mídias, para o exercício ativo das liberdades democráticas...

A universidade, por sua vez, assume uma dupla missão: a primeira é se adaptar à modernidade científica e social, integrar e fornecer os ensinos profissionais; a segunda é fornecer uma cultura metaprofissional, de caráter transecular, que englobe a autonomia da consciência, a problematização, o primado da verdade sobre a utilidade e a ética do conhecimento. Essa cultura, que ultrapassa as formas efêmeras do *hic et nunc*, deve, no entanto, ajudar os cidadãos a viverem melhor seu destino *hic et nunc*.

Existe complementaridade e antagonismo entre estas duas missões: adaptar-se à sociedade e adaptar a sociedade a si; uma remete à outra em um circuito que deveria ser fecundo. Não se trata apenas de modernizar a cultura; trata-se, também, de culturalizar a modernidade.

Diversos desafios são lançados hoje para essa dupla missão. A princípio, uma pressão superadaptativa constrange o ensino e a pesquisa a se conformarem às demandas econômicas, técnicas e administrativas do momento, a adotarem os últimos métodos, as últimas receitas do mercado, a reduzirem o ensino geral e a marginalizarem a cultura humanista. Como sempre ocorreu, tanto na vida quanto na história, a superadaptação a condições dadas não foi um sinal de vitalidade, mas um anúncio de senescência e morte por perda de substância inventiva e criadora.

Além disso, entre a cultura humanista e a científica, há compartimentalização e disjunção, as quais se fizeram acompanhar da compartimentalização entre as diferentes ciências e disciplinas. A falta de comunicação entre as duas culturas provoca graves consequências para ambas. A cultura humanista revitaliza as obras do passado, enquanto a científica valoriza as aquisições do presente. A humanista é uma cultura geral, que, pelas *vias* filosófica, do ensaio e do romance, apresenta problemas humanos fundamentais e estimula a reflexão. Já a cultura científica desperta um pensamento voltado para a teoria, mas não uma reflexão sobre o destino humano e sobre o devir da própria ciência. Essa cultura traz conhecimentos fundamentais sobre o universo, a vida e o ser humano, mas lhe falta reflexividade. O moinho da cultura humanista deixou de receber e moer o grão vital dos conhecimentos científicos. Sem dúvida, a fronteira entre as duas culturas atravessa integralmente a sociologia, que por seu turno encontra-se fragmentada, em vez de fazer circular um instrumento que religue esses fragmentos.

Tudo isso necessita de uma reforma do pensamento. O saber medieval era muito bem-organizado e podia assumir a forma de uma "soma" coerente. O saber contemporâneo é disperso, disjunto, compartimentalizado. Desde já, uma reorganização desse saber já está em curso. A ecologia científica, as ciências da Terra e a cosmologia são áreas científicas pluridisciplinares que têm como objeto não um setor fragmentado, fora de contexto, mas um sistema complexo: o ecossistema – ou, mais amplamente, a biosfera – para a ecologia; o sistema-Terra para as ciências da Terra; a estranha propensão do universo de formar e reunir sistemas galáticos e solares para a cosmologia.

Reconhece-se por toda parte a necessidade da interdisciplinaridade, para o estudo tanto da saúde, da velhice, quanto da arquitetura e dos fenômenos urbanos, da energia, dos materiais sintéticos, passando pelas formas de arte produzidas pelas novas tecnologias.

A transdisciplinaridade, porém, não representa uma solução senão no contexto de um pensamento complexo. É preciso substituir um pensamento que disjunta por um que religa, e essa religação requer que a causalidade unilinear e unidirecional seja substituída pela causalidade em circuito, multirreferencial. Requer também que a rigidez da lógica clássica seja corrigida por uma dialógica, capaz de conceber as noções simultaneamente complementares e antagônicas, bem como que o conhecimento da integração das partes em um todo seja completado pelo conhecimento da integração do todo no interior das partes.

A reforma do pensamento permitirá frear a regressão democrática que, em todos os campos da política, suscita a expansão da autoridade dos peritos, dos especialistas de todos os tipos, o que restringe ainda mais a competência de todos os cidadãos, condenados à aceitação cega de decisões que emanam daqueles que deveriam saber, mas que, de fato, praticam uma inteligência fragmentada e abstrata, a qual rompe a globalidade e a contextualidade dos problemas. O desenvolvimento de uma democracia cognitiva não é possível senão no âmbito de uma organização do saber, o que exige uma reforma de pensamento que permitiria não apenas separar para conhecer, mas religar o que está separado.

Trata-se, portanto, de uma reforma muito mais ampla e profunda, sem a qual uma democratização do ensino universitário não teria efeitos decisivos na consciência de nossa juventude. Não se trata de uma reforma programática, mas paradigmática, que concerne à nossa aptidão para organizar o conhecimento.

Ao mesmo tempo, e por isso mesmo, poderemos re generar a cultura geral, pois cada um, para saber o que é como ser humano, tem que se referir à sua situação no mundo, na vida, na sociedade, na história.

A CULTURA ESTÉTICA

Grande parte da cultura reveste-se de um caráter estético (literatura, música, pintura). Como pensamos que toda política do bem-viver deve cultivar a poesia da vida, o que implica a capacidade de participação afetiva, de admiração e maravilhamento, tal política deve encorajar a cultura estética que nos ajuda a viver poeticamente. Com frequência, durante o tempo da participação estética, essa cultura nos humaniza no cinema, graças ao qual compreendemos e amamos aquele que ignoraríamos e desprezaríamos no viver cotidiano – o vagabundo, o criminoso, o inimigo –, pois, diante da tela, somos sensíveis aos aspectos humanos de sua personalidade e, por vezes, ao seu lado inumano.

O mundo é simultaneamente maravilhoso e horrível. A estética ajuda-nos a nos maravilhar e nos permite encarar o horror. Assim, o segundo movimento do Quinteto em Dó Maior, D 956, de Schubert, expressa a pior dor da alma e, no entanto, oferece-nos uma felicidade musical inefável.

A estética das obras nos permite desenvolver uma estética de vida cotidiana. "A natureza imita o que a obra de arte lhe propõe", disse alguém. Somos encorajados pela estética a perceber o maravilhamento diante do mar, dos picos nevados, das grandes árvores, da borboleta que adeja, da criança que saltita, do cão louco de amor que salta bem alto em direção a seu dono, de um belo rosto.

Tudo isso deveria animar uma política da cultura: uma política da estética, a qual contribuiria para propagar e democratizar a poesia de viver, para fazer com que cada um possa conhecer as belas emoções e descobrir suas próprias verdades por meio das obras-primas, que é o que acontece com os dois autores deste livro.

O Estado

O Estado francês se enfraqueceu sensivelmente sob o efeito de uma economia mundializada, da integração cada vez mais forçada na União Europeia, dando ao setor privado fatias inteiras dos serviços públicos. Ou seja, nessas últimas décadas, certo número de poderes centrais foi devolvido às regiões.

Perseguindo enfaticamente a integração europeia, principalmente nos domínios até então desprezados por nossos parceiros mais liberais, e reiterando a parte positiva da mundialização, propomos que se preserve o que, sob o nome de subsidiarismo, entendido aqui como complemento antagônico da mundialização, possa manter a autonomia do Estado no seio de uma interdependência.

Reforma da política e revitalização da democracia

Existem, incontestavelmente, processos de degeneração, e esclerose da democracia. A deriva oligárquica é um deles, mas existem outros. A perda de seiva cidadã também se encontra na origem desses processos, bem como a ausência de democracia cognitiva, ou seja, a incapacidade de adquirir conhecimentos técnicos e científicos que lhes permitiriam compreender e tratar problemas cada vez mais complexos.

As necessidades materiais, econômicas e técnicas são muito grandes e certamente é preciso responder a elas. Existem outras, porém – a começar pela necessidade de ser reconhecido como um ser humano integral –, sentidas profundamente por aqueles que a rentabilidade e a competitividade tratam como objetos, aqueles que são considerados apenas em termos de cálculo, que são ignorados, esquecidos, ofendidos, humilhados e desprezados – "tratados como lixo". A política do bem-viver pretende combater não apenas misérias materiais, mas também aflições morais, estados de solidão, humilhações, desprezos, as negações e incompreensões (o que exorta ao ensino da compreensão do outro desde o Ensino Fundamental).

A reforma do pensamento político será consolidada, enfim, quando os problemas fundamentais e globais forem levados em consideração e enfrentados, problemas esses inseparáveis das mudanças que propomos, que constituem reformas de humanização e reumanização da sociedade: *essas reformas seriam, elas próprias, simultaneamente, o produto e o motor da política do bem-viver. Essa nova política abriria uma perspectiva e, com isso, uma esperança, e solidarizaria a nação no coração desse sentimento.*

O impulso para essa grande reforma surgirá das profundezas da França, quando, então, ela perceberá que tal mudança corresponde às suas necessidades e aspirações. Embora esclerosada em todas as suas estruturas burocratizadas, a França está inteiramente viva em suas camadas mais profundas. A demonstração disso foi o êxito impressionante do livro *Indignez-vous!*,[6] acolhido não apenas na França, mas no resto do mundo, como um ousado convite sobre questões de gravidade inaceitável. Mudança individual e social são indissociáveis, sendo cada uma delas, sozinha, insuficiente. A reforma da política, bem como do pensamento, as da sociedade e do modo de vida se conjugarão para produzir uma metamorfose da sociedade. Os futuros radiantes estão mortos, mas nós traçaremos a via para um futuro possível.

---

[6] HESSEL, Stéphane. *Indignez-vous!* Paris: Indigène Éditions, 2010. Edição brasileira: *Indignai-vos!* Trad. Marly Peres. São Paulo: Leya, 2011.

A via para uma política do bem-viver não pode se desenvolver se não houver um empenho em eliminar o caráter insaciável do capitalismo financeiro e a barbárie da purificação nacional. Esse tipo de capitalismo não é produtivo; pelo contrário, ele parasita o capitalismo produtivo, desviando os capitais do setor de produção para fins especulativos. Atualmente, porém, o capitalismo produtivo se encontra pervertido por produtividade e competitividade exercidas, como já dissemos, em detrimento dos trabalhadores, os quais, por sua vez, são submetidos a penosas exigências ou a demissões. Serão, de um lado, as taxas alfandegárias, razoáveis e provisórias, bem como a renovação do sindicalismo dos trabalhadores, e, de outro, e mais amplamente, a *regeneração* da esquerda, o que poderá refrear os piores excessos da exploração como ocorreu no passado, nas nações ocidentais. Assim, as reformas conjuntas que propomos farão regredir a hegemonia do lucro em todos os domínios, abolindo a especulação financeira.

A barbárie da purificação nacional conduziu à Inquisição e às expulsões de muçulmanos e judeus da Espanha em 1492, provocou as guerras religiosas dos séculos XVI e XVII na Europa, suscitou as purificações étnicas do século XX e o extermínio nazista. Ela ameaça de novo as nações europeias, inclusive a França, conduzindo também ao fanatismo purificador e expulsor que, como todos os fanatismos, tem como raízes mentais tanto o maniqueísmo — ou seja, uma concepção diabolizante daqueles que se rejeita ou se quer destruir — quanto a redução do outro ao pior aspecto (real ou imaginário) de sua pessoa. A luta contra maniqueísmo e reducionismo não pode se limitar ao apelo à racionalidade; ela só pode se tornar eficaz caso, a partir de uma reforma eficiente do ensino, se desenvolver um pensamento complexo, capaz de enxergar o conjunto das características, diversas ou ambivalentes, de um mesmo fenômeno, de uma mesma população ou pessoa e, inclusive, de si mesmo.

Devemos, então, travar uma luta em duas frentes, e não apenas contra um único inimigo. Essa dupla luta desbloqueará a via para a política do bem-viver.

No mundo, um pouco em cada lugar, a despeito de sua extrema diversidade, os povos acabam de se insurgir contra os piores aspectos do poder desenfreado do dinheiro: alguns países árabes, Israel, Índia, China, Espanha, Grécia, Islândia etc. — e essa indignação ativa deveria tomar conta da França. No mundo, um pouco em cada lugar, boas intenções guiaram essas revoltas. Essas insurreições, porém, não têm à sua disposição um pensamento político que lhes permita organizá-las e orientá-las.

Foi exatamente um pensamento como esse que um de nós tentou elaborar no livro *La Voie*,[7] e que tentamos formular aqui, e para o contexto francês.

Essa via rumo a uma nova política pode ser esboçada para a França e podemos agir para que ela seja adotada na Europa. Ao transformar a França novamente em um exemplo, tal política ofereceria a perspectiva de uma salvação planetária.

A REGENERAÇÃO

Não queremos fundar um novo partido tampouco nos associar a um partido antigo, mas desejamos que se opere uma *regeneração* a partir das quatro fontes que alimentam as esquerdas: a fonte libertária, que se concentra na liberdade dos indivíduos; a fonte socialista, que se concentra na melhoria da sociedade; a fonte comunista, que se concentra na fraternidade comunitária. Acrescentemos a isso a fonte ecológica, que nos restitui nosso laço e nossa interdependência com a natureza – mais profundamente, com nossa Terra-Mãe – e que reconhece em nosso Sol a fonte de todas as energias vivas. Pedimos

---

[7] MORIN, Edgar, *La Voie*. Paris: Fayard, 2010. Edição brasileira: *A via para o futuro da humanidade*. Trad. Edgard de Assis Carvalho; Mariza Perassi Bosco. Rio de Janeiro: Bertrand Brasil, 2012.

aos partidos políticos atuais, cujos recursos se esgotaram e fossilizaram, que aceitem se decompor para uma recomposição que se abastecerá conjuntamente nessas quatro fontes.

Não propomos um pacto aos partidos existentes. Pedimos para contribuir na formação de um poderoso movimento cidadão, de uma insurreição das consciências que possa engendrar uma política à altura dessas exigências.

Tentamos defini-la.[8] Saibamos que, no caso de se tornar exemplar, essa política poderia se europeizar e propagar pelo planeta inteiro, fecundando, assim, uma política da humanidade.

---

[8] Não somos os únicos a preparar essa nova política. Ver: Patrick Viveret, apresentador dos *Dialogues en Humanité* [Diálogos sobre a Humanidade], Claude Alphandéry, pioneiro da economia social e solidária, Alain Caillé (*De la convivialité* [Sobre a convivialidade]. La Découverte, 2011), Hervé Sérieyx e André-Yves Portnoff (*Aux actes citoyens!* [À ação, cidadãos]. Maxima, 2011), Camille Landais, Thomas Piketty, Emmanuel Saez (*Pour une révolution fiscale* [Por uma revolução fiscal]. Le Seuil/La République des Idées, 2011), Pierre Larrouturou (*Pour éviter le krach ultime* [Para evitar o derradeiro *crack*]. Nova éditions, 2011), os "Économistes Atterrés" — todos esses pensamentos e trabalhos são destinados a se entrefecundar e convergir entre si.

Nossas proposições não são conclusivas, são formuladas para ser criticadas, completadas, remanejadas. O que para nós, porém, é certo é que, hoje, temos necessidade de uma nova política do querer-viver e do reviver, a qual nos arranque da apatia e da resignação mortais. Essa política do querer-viver assumirá a fisionomia de uma política do bem-viver, tal como a que esboçamos aqui.

O querer-viver alimenta o bem-viver, o bem-viver alimenta o querer-viver. Juntos, um e outro abrem o caminho da esperança.

Impresso no Brasil pelo
Sistema Cameron da Divisão Gráfica da
DISTRIBUIDORA RECORD DE SERVIÇOS DE IMPRENSA S.A.
Rua Argentina 171 – Rio de Janeiro, RJ – 20921-380 – Tel.: 2585-2000